Ingnman Bergman
Frente al espejo

La Linterna Mágica

Una Reseña

Jorge Pinto Mazal

Jorge Pinto Books Inc.

JORGE
PINTO
BOOKS

Ingman Bergman; Frente al espejo, La Linterna Mágica. Una reseña

Reseña de la edición: Ingmar Bergman. *Linterna Mágica*, Traducción: Marina Torres, Francisco Uriz. Barcelona, Tusquets, 1987

Nuestro agradecimiento a la Fundación Ingmar Bergman por la autorización expresa para utilizar las ligas de su rica pagina web.

Diseño de la portada y tipografía © Old &New | East & West Cultural Services, 2017. Producido en iBook Author

ISBN: 978-1-934978-96-2 || 1-934978-96-5

CONTENIDO

Ingman Bergman; *Frente al espejo. La Linterna Mágica,* Una Reseña

Dependiendo del autor, las autobiografías varían en forma y estilo, ya que quienes las escriben generalmente son los que deciden el qué y el cómo hacer el relato. Dependiendo del carácter y el objetivo que persiguen los escritores, las autobiografías pueden tener carácter de ensayo más o menos riguroso, ordenadas cronológicamente y por capítulos. La autobiografía de Ingmar Bergman, *La Linterna Mágica* que a continuación se reseña, se publica en 1987. Sigue un formato distinto, ya que está compuesta de una recolecciónn de anécdotas y recuerdos, escritos sin ningún orden lógico, secuencia o estructura formal, de manera no lineal. Además, a diferencia de aquellas autobiografías escritas para ensalzar una vida, la de Bergman es autocrítica y se puede considerar sincera incluso en sus sueños y fantasías, en casos haciéndolas explícitas. Con su biografía, Bergman nos permite asomarnos a una vida llena de conflictos desde su infancia, sus múltiples relaciones amorosas, sus divorcios, y fracasos profesionales. De manera franca revela las deficiencias de algunas películas y puestas en escena y habla muy poco de sus éxitos o de los premios y reconocimientos recibidos, que son múltiples y muy prestigiosos.

La Linterna Mágica ha sido traducida a más de treinta idiomas y es un texto ameno, lleno de anécdotas particularmente útiles para el lector interesado en conocer al creador, con sus defectos y cualidades. Sólo en algunos casos ofrece detalles de sus producciones, particularmente su cuarta puesta en escena de *El Sueño* de Strindberg. Por ello, quien busque en ese libro un manual de cine o de teatro, se llevará una decepción.

En su autobiografía, Bergman, nos da la oportunidad de acercarnos a su muy intensa vida personal y profesional, narrando aspectos de su labor intelectual en el ámbito del arte y la cultura, lo que permite apreciar su rica vida creativa y la gestación de sus historias y fantasías.

Para facilitar la lectura, esta reseña pretende presentar de manera temática, no necesariamente rigurosa, las partes de la biografía relacionadas con su niñez, sus matrimonios y su vida amorosa. Asimismo se agrupan algunas referencias a sus películas y experiencias como director de teatro, así como las experiencias que marcan su vida.

Para quienes buscan internarse en la obra, mas allá de su biografía, la fundación Bergman tiene una página muy bien organizada en sueco y en inglés, con numerosas entrevistas, estudios especializados, documentos y datos de su obra, así como una breve biografía en la que se describen algunos aspectos de la vida y obra del famoso director y escritor (http://www.ingmarbergman.se/en/about-bergman).

La citada fundación describe a la *Linterna Mágica* como ..*un documento de dudoso valor literario, ya que no cuenta con una estructura cronológica, ya que alterna capítulos sobre la niñez, la obra teatral, el asunto tributario en 1976, las crisis matrimoniales, los veranos adolescentes en la Alemania nazi, encuentros con artistas como Laurence Olivier, Greta Garbo, y Herbert von Karajan. A pesar del título, el libro contiene poca información sobre el cine de Bergman*¨ (traducción libre del texto en inglés). Página web: http://www.ingmarbergman.se/en/production/magic-lantern

Como se menciona anteriormente, *La Linterna Mágica* es una especie de autobiografía desordenada y sin un estilo definido y, por ello, difícil de catalogar. Claramente no es un manual o texto en el que Bergman comparta o revele sus técnicas de dirección de cine o de teatro. Más bien parece un ejercicio de introspección, un diálogo interno en el que sobresalen los recuerdos y las fantasías. *La Linterna Mágica* nos da oportunidad de observar a Bergman explorando su propia vida para describir sus experiencias de forma tal que se parece a una sesión de sicoanálisis en la que el lector del libro se convierte en el terapeuta. Sin duda un texto fascinante para conocer la personalidad de un artista que sigue conmoviendo al público que, como yo, por segunda o tercera vez vuelve a ver sus películas, ahora restauradas.

Gracias al homenaje que la cinética sueca organizó para festejar los 100 años del nacimiento de Bergman, tuve oportunidad de ver cerca de 30 de sus 60 más famosas películas, incluyendo las primeras que realiza en su juventud con muy pocos recursos y sin experiencia. Las películas están brillantemente restauradas, lo que permite disfrutar la imagen, los sonidos, la música, y así, apreciar su talento ya se trate de dramas o comedias.

Bergman es un conocedor de los aspectos más oscuros de la naturaleza humana y, en alguna medida, también capaz de comprender la importancia de la alegría y la risa, a la cual le da la mayor importancia cuando recuerda que Bach, al regresar de un viaje, se enfrenta a la muerte de su esposa y dos de sus hijos y *escribió en su diario: «Dios mío, no dejes que pierda mi alegría.»*

Desde que tengo uso de razón, escribe Bergman, *he vivido con eso que Bach llamaba su alegría. Me salvó de crisis y miserias y funcionó con la misma fidelidad*

El cineasta sueco nace el 14 Julio de 1918 y muere a los 89 años en su querida y solitaria isla Fårö en el mar Báltico, al sudeste de Estocolmo, lugar que aparece en algunas de sus películas más importantes.

Además de 60 películas, Bergman produce 170 obras de teatro, es actor, productor de cine, autor de decenas de guiones para sus propias películas y las de otros directores. También se desempeña como administrador de importantes instituciones culturales. Como escritor, publica numerosos artículos y libros sobre los más variados temas, incluida *La Linterna Mágica*, que aquí se reseña. En algunas de sus conferencias, Bergman señala explícitamente que no pretende ser un autor de tratados, novelas u otro tipo de libros. La letra impresa no era su medio de expresión artística.

Hay una extensa bibliografía dedicada a explorar la obra y la vida del extraordinario artista, como director de teatro, de cine y televisión. Se han producido también un buen número de documentales llenos de entrevistas a quienes tuvieron la fortuna de trabajar con él, además de críticos y académicos especializados en su obra. Su red de contactos es impresionante, ya que solía interactuar con destacadas personalidades del mundo cultural de su época, particularmente actrices y actores, productores, fotógrafos, cineastas y directores de cine y teatro, en su mayoría suecos.

Es pública su particular afición por las mujeres, ya que estuvo casado o tuvo una relación romántica íntima con las más destacadas actrices de su tiempo. Sin un orden determinado, aparecen en su autobiografía referencias a sus esposas: las coreógrafas Elsie Fisher y Ellen Lundström, la periodista y traductora Gun Grut , la artista Bibi Andersson, quien actúa en *El Séptimo Sello, Fresas Silvestres, La pasión de Ana y Persona.* Más adelante se casa con la pianista Käbi Laretei, quien contribuye al desarrollo de su cultura y amor a la música y aparece tocando el piano en *Fanny y Alexander* y en algunas escenas de *La Flauta Mágica y Sonata de Verano.* Con Liv Ulman no llegó a formalizar su relación. que duró varios años, pero es considerada su actriz favorita, actuando en *Gritos y Susurros* y la serie de televisión posteriormente adaptada al cine *Escenas de Matrimonio* y con Bibi Anderson en *Fresas Silvestres*, *La pasión de Ana* y *Persona*. Su quinta y última esposa fue la baronesa Ingrid von Rosen, quien al morir víctima de cáncer provoca en Bergman una severa depresión y el inicio de su aislamiento en su amada isla Fårö. *La Linterna Mágica* está salpicada de referencias a sus romances, conflictos y anécdotas sobre estas relaciones, exceptuando a su última esposa, la barones von Rosen, a quien sólo dedica un párrafo, refiriéndose a ella antes de casarse como a una amiga intima.

El libro abunda en anécdotas de todo tipo, describiendo particularmente su familia y su conflictiva niñez y, posteriormente, su madurez. Son conmovedores los dolorosos y constantes conflictos con su estricto y muy severo padre, un importante pastor protestante. La relación con su madre tampoco es recordada con afecto, sino que la describe como un ser distante al que busca conquistar y cuyo cariño se empeña en obtener sin éxito. Contrastándola con la frialdad de su madre, recuerda a su generosa y consentidora abuela, con quien vive largos períodos. Sin ser formalmente familiar, Bergman recuerda a la que llama tía Ana, que lo lleva al circo y lo llena de regalos, como el primer proyector de cine, obsequio que originalmente fue para su hermano cuatro años mayor, lo cual produce un serio conflicto familiar. Por el contrario, tiene buenos recuerdos de su hermana, cuatro años menor. Se refiere también con cierto detalle a su tío Karl, un inventor fracasado que, por razones de salud mental, requiere de la tutoría de la abuela y, posteriormente, de la madre de Bergman. En buena medida, la mayoría de estos personajes aparecen de manera diáfana en la famosa película *Fanny y Alexander.* En otras películas, de manera menos obvia, también se representan esas experiencias personales, en muchos casos dolorosas y traumáticas.

Las referencias a su madre son extensas. En ellas Bergman hace explícita la compleja relación. Describe a su madre fría y distante, lo que le provoca un serio resentimiento, como se puede apreciar en la biografía: *Muchas veces ella me alejaba con un tono fríamente irónico. Yo lloraba de rabia y desilusión.* Para tratar de contrarrestar esa actitud, Bergman describe cómo, desde los 10 años, descubre el poder de la simulación como medio para acercarse a su madre, conducta que seguramente más tarde le serviría como un efectivo medio de seducción de sus innumerables amantes. Bergman: ... *su interés. Un enfermo provocaba inmediatamente su compasión. Como yo era un niño enfermizo con innumerables dolencias, convertí esto en un camino, ciertamente doloroso pero infalible hacia su ternura...* y agrega, *Las simulaciones, en cambio, se descubrían en seguida —mi madre era enfermera titulada— y se castigaban con rigor.*

Confirmando la enorme importancia que tuvo su madre, Bergman lamenta llegar tarde al hospital donde le informan de su muerte después una larga enfermedad. Describe ese momento de lo que llama inesperada sorpresa sentado en la cama junto a ella *Para asombro mío me eché a llorar violenta y descontroladamente.*

Siguiendo con los problemas que hasta el final de su vida le provocó la falta de afecto materno, Bergman, claramente resentido, narra una conversación con su madre, ya anciana, en la que él le reclama: *Usted decía: «Ahora vete a entretenerte tú solo, vete a jugar con tus juguetes nuevos. No, a mí no me gustan los mimos, tú eres demasiado mimoso, te comportas como una niña»* y haciendo de sicoanálista le responde, *Usted dijo en alguna ocasión que la abuela nunca la había aceptado. Que ella había proyectado todo su amor en su hijo menor, el que murió. ¿Y su amor? ¿Para quién fue su amor, madre?»* Bergman no incluye las respuestas de su madre, si es que las hubo.

La relación con el padre es pésima. En algunos pasajes reconoce el odio que siente por él. A los 19 años Bergman tiene una amante, confiando en que sus padres no notarían sus ausencias nocturnas. Al ser descubierto una mañana, Bergman es forzado a confesar, desatando una seria confrontación familiar, la cual, dada la severidad de los castigos paternos, en esa ocasión ocasionan una ruptura por lo que seguramente el padre consideraría una imperdonable conducta de su hijo que implicaba haber mentido y engañado a la familia, con el agravante de tener relaciones sexuales fuera del matrimonio. *Mi padre y yo acabamos en un violento enfrentamiento verbal. Le advertí que no me pegase. Me pegó y le devolví el golpe, vaciló y cayó sentado al suelo. Mi madre daba vueltas por la habitación llorando y apelando a la sensatez que pudiese quedar en nosotros. La aparté de un empujón, ella dio un grito*. Esa noche Bergman deja la casa familiar para no volver y rompe con su familia, a la que deja de ver hasta mucho más tarde en su vida. Es posible distinguir las heridas de la infancia en sus relaciones personales, principalmente con mujeres, y naturalmente en su obra.

Por otra parte, Bergman escribe sobre los buenos recuerdos de los largos períodos que pasa como niño y adolescente con su abuela en una bella casa de verano construida por su abuelo en Dufnäs, en la región de Dalecarlia en el centro de Suecia. Describe la propiedad familiar con una *vista sobre el río, los prados, las cabañas y las colinas que se iban tornando azules unas detrás de otras.* Una buena parte de la película *Fresas Salvajes* se filma en ese lugar que, como se puede ver a continuación, recuerda con especial afecto, *Los días, las semanas y los meses que pasaba en casa de mi abuela satisfacían probablemente la apremiante necesidad que he sentido toda mi vida de silencio, de regularidad, de orden. Jugaba solo y no echaba de menos la compañía.*

Su necesidad de orden se refleja en el terreno profesional y en su preferencia por el silencio y soledad que están presentes hasta el final de sus días .

Desde muy joven, Bergman desarrolla una fuerte inclinación por la cultura ya que, según dice, *Leía sin descanso, la mayoría de las veces sin entender, pero era sensible a los acentos: Dostoievski, Tolstoi, Balzac, Defoe, Swift, Flaubert, Nietzsche y, ..Strindberg.* Siendo aún un niño asistía regularmente al cine, medio que desde la más tierna edad le provoca una gran afición y fascinación. Como antes se menciona, Ana, su tía rica, le obsequió a su hermano mayor en una navidad un proyector de cine, lo que le produce un terrible desencanto seguido de un berrinche que lo condujo a ser castigado con encierro en su cuarto. Recuerda cómo resultó más efectivo que las lagrimas un trueque con su hermano, quien no tenía mayor interés en el aparato. Con gran elocuencia, Bergman cuenta la experiencia de colocar el proyector en una mesa y empezar a proyectar una película: *En la pared apareció la imagen de una pradera. En la pradera dormitaba una joven vestida con lo que parecía un traje regional. Al mover la manivela —esto no se puede explicar, no puedo poner en palabras mi excitación; puedo, en cualquier momento, rememorar el olor del metal caliente, el olor a polvo y alcanfor del ropero, la manivela en mi mano, el tembloroso rectángulo de la pared.* Bergman replica esa experiencia en *Fanny y Alexander* , utilizando en lugar del proyector una Linterna Mágica de imágenes fijas en una escena seguramente inspirada en esa vivencia de su niñez.

Como se anticipa al principio de esta reseña, las referencias a sus películas no tienen un orden y, en la mayoría de los casos, carecen de detalles. Aún así, a continuación se comparten algunas citas que hace Bergman de sus cintas.

Con gran modestia reconoce que su primera experiencia como realizador la tuvo a los 30 años con la película *Crisis* (1945), la que resulta un fracaso que le cuesta su puesto de trabajo en el Svensk Filmindustri. Recuerda que desde *los primeros días de rodaje fueron una pesadilla. Me di cuenta inmediatamente de que me había metido en un aparato que no controlaba en absoluto.* Bergman hace un comentario similar de su película *Tres Mujeres,* la que considera también *..un desastre convincente y bien merecido.*

Otro ejemplo del tipo de notas sobre sus películas que aparecen en su biografía lo tenemos en *Un Verano con Mónica* , inspirada en una novela de Per Anders Fogelström. Aquí, como en la mayoría de los casos, sus referencias son más bien de carácter personal. Bergman se refiere a los problemas personales que en aquel momento vivía y a la confesión que le hace a su esposa Gun Grut del romance que inicia con la actriz principal, Bibi Andersson, durante la filmación de la película. Con su propias palabras, Bergman justifica de manera implícita su enamoramiento: *El trabajo cinematográfico es una actividad fuertemente erótica. La proximidad a los actores no tiene reservas, la entrega mutua es total. La intimidad, el afecto, la dependencia, la ternura, la confianza, la fe ante el mágico ojo de la cámara, nos dan una seguridad cálida, posiblemente ilusoria. Tensión, relajamiento, respiración común, momentos de triunfo, momentos de fracaso. La atmósfera está irresistiblemente cargada de sexualidad.*

Refiriéndose a *El Séptimo Sello*, una de sus películas más ambiciosas e innovadoras, tenemos un ejemplo de la forma en la que Bergman describe sus producciones. En la autobiografía la considera ..*una película irregular a la que tengo mucho cariño porque la hicimos en condiciones muy primitivas con una gran movilización de vitalidad y entusiasmo.*

Cuando escribe sobre *Fresas Salvajes*, quizá una de

sus películas más importantes, Bergman se refiere con cierto detalle a los problemas que tuvo con el principal protagonista, Victor Sjöström, un famoso y anciano actor. En particular se refiere al mal humor del actor al inicio de la filmación, a su falta de entusiasmo que en ocasiones lo lleva a amenazar con renunciar, argumentando que Bergman podría fácilmente encontrar un substituto. Con gran sentido del humor, Bergman recuerda cómo, cuando *llegaron las chicas al rodaje mejoró la situación. El viejo seductor encontró un gran placer en la amable y maliciosa corte que le hacían las damas, flirteaba con ellas.*

Como señalamos, el cine de Bergman está plagado de experiencias de la niñez, ciertas o imaginadas. Explícitamente señala en su autobiografía una vivencia que utilizó en el prólogo de *Persona* y, con mayor claridad, en *Gritos y susurros.* Recuerda haber estado encerrado a los 10 años en un depósito de cadáveres del hospital a cargo de la parroquia de su padre. *Retiré la sábana y quedó al aire Estaba completamente desnuda excepto un esparadrapo que iba de la garganta al pubis. Levanté la mano y le toqué el hombro. Había oído hablar del frío de los muertos pero la piel de la chica no estaba fría, estaba caliente. Llevé la mano hasta su pecho, pequeño y fofo, coronado por un pezón negro, levantado. En el vientre crecía un vello oscuro, no respiraba, no, no respiraba, ¿se le había abierto la boca? Veía los blancos dientes bajo la redondez de los labios. Me moví para poder ver su sexo que quería tocar pero no me atrevía a hacerlo.* El propio Bergman confiesa en el libro que desde joven inventaba historias, y como su vida estuvo llena de fantasías, por ello no es posible determinar si el anterior relato que lleva a la pantalla efectivamente tuvo lugar.

Como resultado de la acusación de evasión de impuestos al que nos referiremos más adelante, Bergman se refugia en su querida isla Fårö donde, deprimido, solo y sin poder dormir, escribe la historia de una película que luego sería *Sonata de otoño* (1978). En el libro señala que desde esa etapa anotó en el guión *que Ingrid Bergman y Liv Ullman serán las protagonistas.* La filmación resultó particularmente complicada, según Bergman narra con cierto detalle.

Ingrid Bergman, la famosa actriz que interpreta una pianista, padecía un avanzado cáncer, y por eso quería acelerar la filmación, con frecuencia enfrentándose con gran parte del staff, incluido el propio Bergman, quien escribe: *Ingrid se enfrentó a su enfermedad con ira e impaciencia, pero su fuerte cuerpo iba siendo destruído, el mal corroía sus sentidos.* Durante el rodaje se filmó un extenso documental. Al verlo dos años después, Ingrid Bergman expresa su molestia al cineasta por la forma como aparece retratada.

La búsqueda de locaciones para la cinta *Como en un espejo* (1960) lo lleva a Fårö, la isla en la que pasa sus últimos días, y donde también se filma *La pasión de Ana* y *Persona*. En el libro caracteriza su fascinación con la isla como un *flechazo* al haber encontrado *mi paisaje, mi verdadera casa,* sentimiento que descubre desde la primera visita en busca de lugares para filmar la película mencionada. Desde ese momento decide construir una casa que resulto el refugio ideal ya que, según escribe, pensaba apartarse *del mundo, leer los libros que no he leído, meditar, purificar mi alma.* Bergman también utiliza la isla adaptando un establo como estudio para filmar *Secretos de un matrimonio* (1973). Como mencionamos, Fårö, no solo se convirtió en una locación para sus películas, sino en el lugar donde pasa sus últimos días, aislado y productivo.

El éxito económico de Bergman se inició con *Gritos y Susurros*, una película que realiza con el apoyo de los actores y con un préstamo. Con cierta dificultad consigue a un distribuidor norteamericano, ya que las expectativas de ventas internacionales eran muy bajas. Bergman recuerda que en la noche de Navidad recibe una llamada de su agente anunciándole que *Gritos y Susurros* ha sido un gran éxito en Nueva York y que internacionalmente las ventas serán extraordinarias. A partir de ese momento la productora de Bergman tiene recursos, se cambia a un local más apropiado con su propia sala de cine, y Bergman se instala *en el papel de productor y llevé a cabo proyectos con otros directores.*

A ese éxito le siguen otros éxitos, *La Flauta Mágica* y *Escenas de Matrimonio*, la primera realizada con el apoyo de la Radio y Televisión Sueca. *La Flauta Mágica* representó un gran reto tanto escénico como musical, ya que contemplaba múltiples locaciones, incluida la isla Fårö. Bergman recuerda que su obra *La flauta mágica nació en un íntimo teatro de madera con el equipo técnico más sencillo que se pueda pensar y una acústica extraordinaria.*

Bergman revela los orígenes de su película *El Amor de las Marionetas* , hablada en alemán y basada en lo que considera un *malogrado* guión titulado *Amor sin amantes* sobre la vida en Alemania Federal. Refiriéndose a ese guión, nos dice: *De este gigante, muerto sin intervención ajena, saqué un filete que se convirtió en una película para la televisión con el título de Extractos de la vida de las marionetas. No gustó nada, pero es una de mis mejores películas, creo yo,..*

Consistente con la falta de método y estilo, la biografía contiene muy escasas referencias de contexto personal para situar un acontecimiento en su vida o en sus películas. Por ejemplo, sólo menciona *Sonrisas de Verano* para recordar una úlcera y otros problemas de salud que requirieron de hospitalización, ignorando el hecho de que la cinta fue exhibida en Cannes en 1956, un acontecimiento que los productores suecos celebran.

En algunas partes de su desordenada biografía, Bergman, más que referirse al guion, a las actrices o la filmación, utiliza ciertas películas para mencionar lugares, como es el caso de *El Huevo de la Serpiente* (1978) que produce Dino De Laurentiis. La asociación con el productor norteamericano lo lleva a Los Angeles y a Alemania, país al que viaja en búsqueda de locaciones para la citada película. En este caso, tampoco hace referencias relevantes al contexto de su relación con De Laurentiis, al contenido de su guión o al desarrollo de la producción. Sólo se refiere de manera elocuente al desolador paisaje urbano que descubre en una visita a Berlín, particularmente un barrio de refugiados y una zona plagada de drogadictos. Como puede observarse a continuación, sus palabras tienen gran actualidad en las manifestaciones xenofóbicas presentes en algunos países, que son particularmente agresivas hacia los emigrantes: Los alemanes *dicen con claridad: esos diablos viven mejor de lo que nunca hubiesen estado en sus países. En la estación del zoo se refugian los jóvenes drogadictos, ... No había visto nunca una miseria física y espiritual mostrada tan abiertamente.*

Berlín fue también una fuente de inspiración para su película *El Silencio*. Bergman menciona que sus sueños transcurrían en Berlín, no la verdadera ciudad sino un Berlín puesto en escena, y explica cómo lleva esos sueños a la pantalla y cito: *Tres veces he tratado de representar la ciudad de mi sueño. Primero escribí una pieza radiofónica que se titulaba "La ciudad". Trataba de una gran ciudad en ruinas con casas que se derrumbaban y calles socavadas.*

En su autobiografía, Bergman dedica más espacio a su relación con el teatro y a las obras que produjo. En algunos casos lo hace con cierto detalle. Destacan las referencia al *El Ensueño* de Strindberg, particularmente los retos que le impuso su cuarta puesta en escena en 1984. Bergman menciona los problemas que presentan los decorados de las diferentes escenas de la citada obra, a los que considera casi insolubles. Por ello, advierte a quienes osen dirigirla que pongan cuidado en los detalles de la escenografía para no desmerecerla. Strindberg, quizá el autor que mayor influencia ejerce en Bergman, termina de escribir la obra en 1901, en medio de muy serios conflictos de carácter personal, que Bergman describe en su libro. Cuenta cómo, a los doce años, tiene oportunidad de presenciar una puesta en escena de *El Ensueño* y recuerda lo que fue *acompañar detrás del decorado a un músico que tocaba la celesta en la pieza de Strindberg El sueño. Fue una vivencia que se me grabó a fuego.*

Confirmando la importancia de su cuarta puesta en escena de *El sueño,* Bergman utiliza la obra de Strindberg en su serie de televisión *Después del ensayo,* en la que reproduce una escena que parece directamente tomada de su vida, como se aprecia en el siguiente cita:...., *encuentro entre una joven actriz (interpretada por Lena Olin) que va hacer el papel de la Hija de Indra y un director mayor que va a poner en escena 'El Sueño por cuarta vez.* El personaje del director es sin duda un alter ego de Bergman, no sólo por la edad que se le asigna al personaje de la serie, sino por la forma en que el ficticio director se conduce. Bergman escribe en su libro que el resultado final de la citada serie de televisión no fue satisfactorio y expresa su descontento porque su adaptación al cine tuvo muy malos resultados.

Cuando se refiere a otras experiencias como director de teatro, Bergman reconoce la importancia que tuvieron sus maestros, entre ellos Alf Sjöberg, el famoso director sueco de teatro y cine, cuya película *Tormento* fuera premiada en el Festival de Cannes, y Olof Molander, reconocido director sueco de obras de Strindberg y Shakespeare . Reconoce que les *robaba lo que podía y añadía trozos propios,* ya que, como autodidacta, al inicio de su carrera acepta que su formación teatral era muy pobre. Bergman, no obstante haber tenido numerosos choques y conflictos con Alf Sjöberg durante el período en el que ambos coinciden en el Dramaten, lo considera superior a él, y *aceptaba el hecho sin amargura.*

En su obra *La Linterna Mágica* Bergman, también de manera desordenada, describe su trabajo como director de destacadas instituciones culturales, particularmente los ocho años que estuvo al frente del Teatro Municipal de Malmö, al sur de Suecia, los que considera *fueron los mejores de mi vida hasta entonces. En invierno hacía tres montajes, en verano rodaba una o dos películas. Tenía carta blanca, mi vida privada había dejado prácticamente de existir*, Posteriormente vino el nombramiento como director del famoso Dramaten de Estocolmo, lo que considera le brinda la oportunidad de *vivir una vida burguesa*, tener estabilidad económica, dirigir importantes obras de teatro, tiempo para realizar sus películas y probarse como un innovador administrador cultural, como nos relata: *Una de mis primeras medidas en el puesto fue democratizar la toma de decisiones. Siguiendo el modelo de la orquesta sinfónica de Viena se eligió un comité de representantes de la compañía, compuesto por cinco actores. Ellos, junto con el jefe del teatro, iban a responder del repertorio, contrata de actores, reparto de papeles.* Claramente la vida burguesa y la administración no eran lo que esperaba como su puede apreciar en la siguiente cita. *Desde un punto de vista estrictamente profesional mis años como jefe del Dramaten fueron años perdidos. No me desarrollé, no tenía tiempo para pensar y me agarraba a soluciones ya bien probadas.* Con este comentario Bergman proyecta su desagrado con las tareas de gestión de instituciones culturales, que por naturaleza son complejas y muchas veces politizadas.

A pesar de esa mala experiencia en el Dramaten, años más tarde, en 1981, Bergman firma un contrato para dirigir en el Residenztheater de Múnich, institución en la que produce algunas obras. En su biografía, Bergman, con cierto resentimiento, menciona el conflicto que tuvo con su director, que conduce, de acuerdo con sus propias palabras, a ser despedido *fulminantemente ...con acompañamiento de insultos y acusaciones que se servían a la prensa y al Ministerio de Cultura.* Describe brevemente esos conflictos provocados por su estilo de gestión, seguramente por su carácter rebelde e independiente que chocó con la inflexible disciplina teutona.

En este libro Bergman no hace referencia a sus numerosas producciones internacionales. Por ejemplo, en New York se presentan sus obras originalmente puestas en escena en Estocolmo *Un largo día hacia la noche*, *Casa de Muñecas*, y *La señorita Julia*.

La autobiografía contiene algunas referencias a la experiencia de dirigir *Hedda Gabler* de Ibsen en el National Theatre de Londres, invitado por Sir. Laurence Olivier. Asimismo, describe una conversación con el famoso director de orquesta Herbert Von Karajan en la que le propuso dirigir su versión de *Turandot* para el cine y la televisión pero de inmediato pensó que *Turandot es un bodrio desagradable, ingobernable y pervertido; un típico fruto de su época.* En su libro Bergman confiesa con candor y cierto cinismo: *me oí decir que era un gran honor, que siempre me había fascinado Turandot, que la música era enigmática pero subyugadora y que no podía imaginarme nada más estimulante.* El proyecto no se realizó, pero Bergman describe la experiencia con un gran sentido del humor, imaginando a un *director de orquesta de ochenta y un años y un director de cine de setenta y uno iban a dar vida juntos a semejante extravagancia momificada. Ni se me pasó por la imaginación lo grotesco del proyecto. Estaba irremediablemente fascinado.*

Además de sus experiencias profesionales, el libro está salpicado de anécdotas de sus relaciones con personajes relevantes en el mundo del cine y la cultura: Charles Chaplin, Greta Garbo, Barbara Streisand y, de manera más detallada, con aquellos actores y actrices suecas con quienes colabora y, como señalamos, con aquellas artistas con las que sostiene relaciones románticas como amantes o esposas y, en algunos casos, madres de sus hijos, sobre quienes dice poco.

Hay tres incidentes de carácter político que conmueven la vida de Bergman: la visita que realiza a la Alemania nazi en 1936 durante su adolescencia temprana, el escándalo que produce la acusación que le hacen las autoridades suecas de fraude fiscal y, finalmente, el movimiento estudiantil de 1968, recordando el maltrato que sufren los artistas e intelectuales y el daño que el citado movimiento produjo en las instituciones culturales.

Describe las seis semanas que, como adolescente de 16 años, pasa en la Alemania nazi durante un intercambio estudiantil, huésped en la casa de un pastor conocido de su padre que estaba situada en un pequeño pueblo entre Weimar y Eisenach. En ese lugar fue testigo de la propaganda y el fanatismo que prevalecía en ese momento. Bergman recuerda cómo en la escuela, *aunque era clase de Religionskunde [religión], el libro que estaba en los pupitres era el Mein Kampf de Hitler. El profesor leía en voz alta un periódico del Partido que se llamaba Der Stürmer. Recuerdo únicamente una frase que me resultó extraña. El profesor repetía una y otra vez con voz neutra: «Van den Juden Vergiftet» [envenenado por los judíos].* Durante esa breve visita a Alemania recuerda también un mitin multitudinario en Weimar al que lo lleva la familia y en el que miles de personas alzan el brazo para saludar al Fürher. Después de la guerra, en 1946, contempla por primera vez las imágenes de los campos de concentración, confrontándolas con la admiración que como adolescente tuvo por el nazismo. Con gran candor y autocrítica explica el porqué de su aparente indiferencia ante los horrores del nazismo; .. *Casi toda nuestra educación estuvo basada enconceptos como pecado, confesión, castigo, perdón y misericordia, factores concretos en las relaciones entre padres e hijos, y con Dios. Había en ello una lógica interna que nosotros aceptábamos y creíamos comprender. Este hecho contribuyó posiblemente a nuestra pasiva aceptación del nazismo. Nunca habíamos oído hablar de libertad y no teníamos ni la más remota idea de a qué sabía. En un sistema jerárquico, todas las puertas están cerradas.*

La experiencia alemana y su inocente simpatía por el nazismo en la adolescencia hacen que Bergman se aleje de la política y, salvo en el caso de *El huevo de la serpiente*, en sus películas la política sólo aparece en muy raras ocasiones y siempre como contexto, en una pantalla de televisión con escenas de la guerra en Vietnam o aviones de combate volando encima de sus personajes, que no parecen entender la razón o el propósito de esos vuelos amenazantes. Otro ejemplo de su desinterés por la política se muestra en las escasas citas que hace del asesinato del Primer Ministro sueco Olof Palme. Al enterarse del traumático evento para su país, Bergman, incómodo, se pregunta : *¿Qué actitud adoptar con respecto a nuestra perplejidad? ¿Debíamos suspender el ensayo, debíamos suspender la función de la tarde?*

Otro evento que marca la vida de Bergman fue una injustificada acusación de fraude fiscal, acusación que produce un gran escándalo y desprestigio personal. Después de enfrentar los injuriosos ataques de la prensa amarilla y el distanciamiento de algunos amigos, el cineasta sufre una seria depresión que lo lleva a aislarse. Meses más tarde Bergman se repone y escribe un artículo en una de las principales revistas suecas detallando como demostró plenamente su inocencia a los autoridades del fisco y denunciándolas por incompetentes y políticamente motivadas. Con ello reparó plenamente su imagen pública, pero el agravio lo lleva a dejar su país por un tiempo. En su autobiografía, Bergman cuenta la vergüenza y exaltación que le produjo la experiencia de ver llegar a la policía al teatro para llevarlo a ser interrogado en la jefatura, el agrio debate con la autoridades fiscales, la mala prensa y la experiencia del auto-exilio.

En la biografía, a diferencia de los intelectuales franceses y de otros países que simpatizan con el movimiento de 1968, Bergman es particularmente crítico de los estudiantes y líderes del citado movimiento en Suecia. Señala que, al igual que en China, en Suecia también se *despreciaron y humillaron a sus artistas y a sus maestros.* En la autobiografía recuerda con gran disgusto cómo lo *echaron de la Escuela Nacional de Arte Dramático ante los ojos de mi hijo. Cuando yo sostenía que los jóvenes actores tenían primero que aprender la técnica teatral para que su mensaje revolucionario alcanzase al público, los alumnos agitaban el librito rojo de Mao Ze Dong y me silbaban, complacientemente animados por el entonces rector Niklas Brunius.*

Al terminar de leer su extensa y fascinante biografía, llama la atención el hecho de que Bergman no mencione la publicación de sus novelas, traducidas a varios idiomas incluido el español: *Las mejores intenciones, Niños del domingo, Conversaciones íntimas* e *Infiel.*

En su biografía, Bergman habla de su carácter sensible, utilizando el concepto *sensaciones,* de forma tal que sus recuerdos de infancia son muy parecidos a los que hace Proust de su entorno y la famosa "magdalena" en su novela *En busca del tiempo perdido.* Bergman también menciona los sonidos y los aromas como vemos a continuación: ...su *Abuela huele a «glicerina y agua de rosas», una especie de agua de colonia que se podía comprar sencillamente en la farmacia. Mi madre huele dulce como la vainilla; cuando se enfada se le humedece el vello del bigote y despide un olor a metal apenas perceptible.*

Mi favorita en materia de olores es una niñera jovencita llamada Märit, un poco coja, regordeta y pelirroja. No hay nada comparable a estar en su cama con la cabeza en su brazo y con la nariz aplastada contra su áspero camisón. Bergman es no es Carlos Swan, un personaje ficticio, sino el personaje central que, además de su enorme éxito como cineasta y director de artes escénicas, vive, de acuerdo con sus palabras, en un *mundo perdido de luces, de aromas, de sonidos.*

Espero que esta reseña induzca a quienes hayan visto y disfrutado de las extraordinarias películas de Ingmar Bergman a leer *La Linterna Mágica* para conocer al extraordinario artista de manera más íntima.

Con el fin de enriquecer la reseña, a continuación se incluye una lista con las películas que dirigió y produjo durante su vida. Se incluyen ligas, muchas de ellas conducen a reseñas en español y ligas a la Fundacion Bergman con reseñas de las películas en inglés.

También, se enlistan las piezas de teatro que dirigió y produjo durante su activa vida profesional, misma que muestra la diversidad de su repertorio que comprende las mas famosas obras de autores que son universalmente reconocidos.

Asimismo se listan sus obras publicadas y las traducciones de sus libros en español.

Finalmente, se presenta una lista con los nombres de los personajes que Bergman menciona en su *Linterna Mágica*, quienes están directamente relacionados con la prolífica vida profesional y personal del prestigioso artista sueco.

Nuestro agradecimiento a la Fundación Ingmar Bergman por la autorización expresa para utilizar las ligas de su rica pagina web.

Ingmar Bergman. Linterna Mágica, Traducción: Marina Torres, Francisco Uriz. Barcelona, Tusquets, 1987

Cine y Televisión

1944-1954

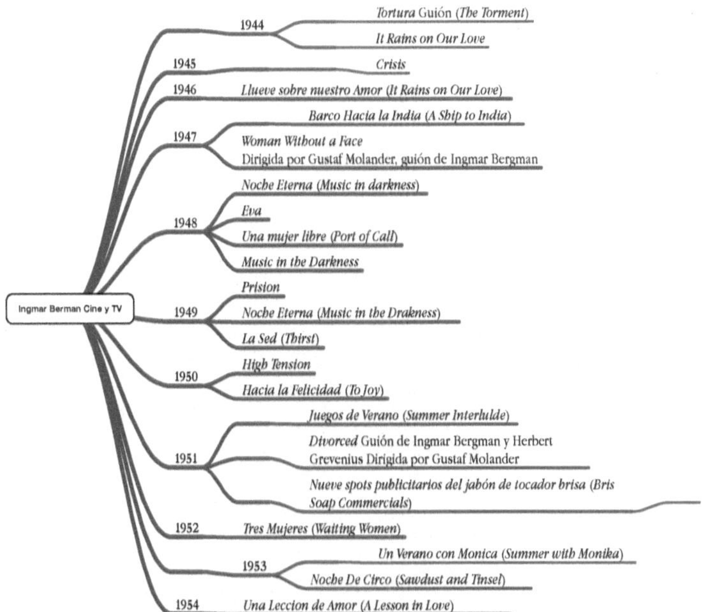

1955-1969

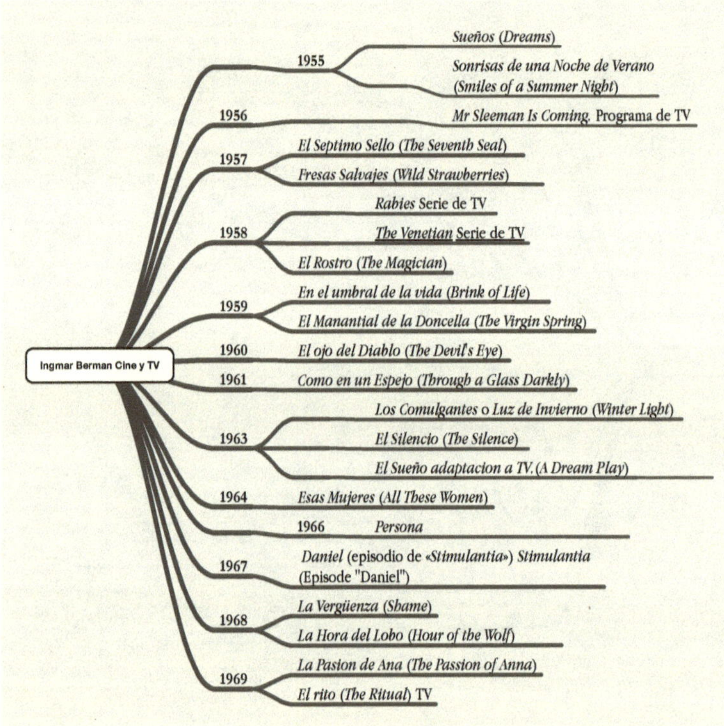

Ingmar Berman Cine y TV
1955
Sueños (Dreams)
Sonrisas de una Noche de Verano (Smiles of a Summer Night)
1956
Mr Sleeman Is Coming. Programa de TV
1957
El Septimo Sello (The Seventh Seal)
Fresas Salvajes (Wild Strawberries)
1958
Rabies Serie de TV
The Venetian Serie de TV
El Rostro (The Magician)
1959
En el umbral de la vida (Brink of Life)
El Manantial de la Doncella (The Virgin Spring)
1960
El ojo del Diablo (The Devil's Eye)
1961
Como en un Espejo (Through a Glass Darkly)
1963
Los Comulgantes o Luz de Invierno (Winter Light)
El Silencio (The Silence)
El Sueño adaptacion a TV. (A Dream Play)
1964
Esas Mujeres (All These Women)
1966
Persona
1967
Daniel (episodio de «Stimulantia») Stimulantia (Episode "Daniel")
1968
La Vergüenza (Shame)
La Hora del Lobo (Hour of the Wolf)
1969
La Pasion de Ana (The Passion of Anna)
El rito (The Ritual) TV

1970-2001

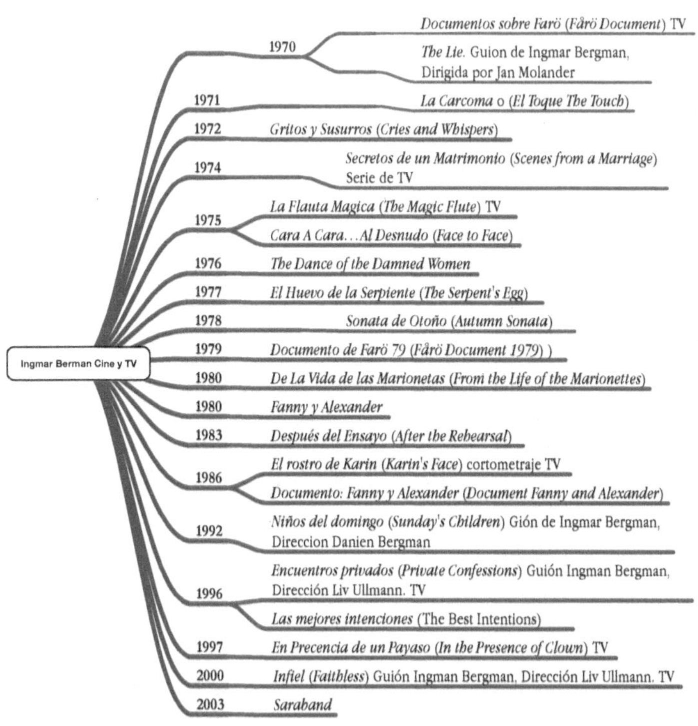
Ingmar Berman Cine y TV
1970
Documentos sobre Farö (Fårö Document) TV
The Lie. Guion de Ingmar Bergman, Dirigida por Jan Molander
1971
La Carcoma o (El Toque The Touch)
1972
Gritos y Susurros (Cries and Whispers)
1974
Secretos de un Matrimonio (Scenes from a Marriage) Serie de TV
1975
La Flauta Magica (The Magic Flute) TV
Cara A Cara...Al Desnudo (Face to Face)
1976
The Dance of the Damned Women
1977
El Huevo de la Serpiente (The Serpent's Egg)
1978
Sonata de Otoño (Autumn Sonata)
1979
Documento de Farö 79 (Fårö Document 1979))
1980
De La Vida de las Marionetas (From the Life of the Marionettes)
1980
Fanny y Alexander
1983
Después del Ensayo (After the Rebearsal)
1986
El rostro de Karin (Karin's Face) cortometraje TV
Documento: Fanny y Alexander (Document Fanny and Alexander)
1992
Niños del domingo (Sunday's Children) Gión de Ingmar Bergman, Direccion Danien Bergman
1996
Encuentros privados (Private Confessions) Guión Ingman Bergman, Dirección Liv Ullmann. TV
Las mejores intenciones (The Best Intentions)
1997
En Precencia de un Payaso (In the Presence of Clown) TV
2000
Infiel (Faithless) Guión Ingman Bergman, Dirección Liv Ullmann. TV
2003
Saraband

Advertencia: Las ligas a los sitios en español que a continuación se listan son resultado de una recopilación informal y sin un criterio definido. Por ello no necesariamente coincidimos con el contenido. Las ligas a la Fundación Ingmar Bergman han sido su autorizadadas para su publicación. (en algunos casos las ligas tienen que ser copiadas al navegador)

1944

Tortura Guión (*The Torment*)

Gion basado en una novela suya

http://www.ingmarbergman.se/en/production/torment

It Rains on Our Love,
http://www.ingmarbergman.se/en/production/it-rains-our-love

1945

Crisis

http://www.ingmarbergman.se/en/production/crisis

1946

Llueve sobre nuestro Amor (*It Rains on Our Love*) https://

www.espinof.com/criticas/ingmar-bergman-llueve-sobre-nuestro-amor-un-peldano-mas-para-el-cineasta
http://www.ingmarbergman.se/en/production/it-rains-our-love

1947
Barco Hacia la India (*A Ship to India*)

Woman Without a Face
Dirigida por Gustaf Molander, guión de Ingmar Bergman
http://www.ingmarbergman.se/en/production/woman-without-face

1948
Noche Eterna (*Music in darkness*)
Eva

Eva
http://www.ingmarbergman.se/en/production/eve
Una mujer libre (*Port of Call*)
https://www.espinof.com/criticas/ingmar-bergman-ciudad-portuaria-la-dificultad-de-ser-mujer-en-la-sociedad
http://www.ingmarbergman.se/en/production/port-call

Music in the Darkness

http://www.ingmarbergman.se/en/production/music-darkness

1949

Prision https://www.espinof.com/criticas/ingmar-bergman-prision-primer-exito-de-publica-y-critica

http://www.ingmarbergman.se/en/production/prison

La Sed (*Thirst*)

Trailer sutitulado en español https://www.youtube.com/watch?v=0vpqLapvceQ

http://www.ingmarbergman.se/en/production/thirst

Noche Eterna (*Music in the Drakness*)

https://www.uv.es/capelo/Noche_eterna.html

http://www.ingmarbergman.se/en/production/music-darkness

1950

High Tension

http://www.ingmarbergman.se/en/production/high-tension

Hacia la Felicidad (*To Joy*)
https://www.espinof.com/criticas/ingmar-bergman-la-alegria-un-bergman-sin-personalidad
http://www.ingmarbergman.se/en/production/joy

While the City Sleeps
http://www.ingmarbergman.se/en/production/while-city-sleeps

1951
Divorced
Guión de Ingmar Bergman y Herbert Grevenius Dirigida por Gustaf Molander
http://www.ingmarbergman.se/en/production/divorced

Juegos de Verano (*Summer Interlulde*)
https://www.espinof.com/criticas/ingmar-bergman-juegos-de-verano-evocando-el-amor-perdido
http://www.ingmarbergman.se/en/production/summer-interlude

Nueve spots publicitarios del jabón de tocador brisa (*Bris Soap Commercials*)

https://robertopatxot.wordpress.com/2016/08/16/como-filmar-comerciales-de-jabon-vendedores-por-ingmar-bergman/
http://www.ingmarbergman.se/en/production/bris-soap-commercials

1952

Tres Mujeres (Waiting Women)
https://www.espinof.com/criticas/ingmar-bergman-tres-mujeres-brillantisima-tragicomedia
http://www.ingmarbergman.se/en/production/waiting-women

1953

Un Verano con Monica (Summer with Monika)
https://www.espinof.com/criticas/ingmar-bergman-un-verano-con-monica-primera-obra-maestra-del-director
http://www.ingmarbergman.se/en/production/summer-monika

Noche De Circo (Sawdust and Tinsel)
http://www.ingmarbergman.se/en/production/sawdust-and-tinsel

1954

Una Leccion de Amor (*A Lesson in Love*)

https://www.filmaffinity.com/es/film515907.html

http://www.ingmarbergman.se/en/production/lesson-love

1955

Sueños (*Dreams*)

http://mitiquisimo.blogspot.com/2008/02/sueos-de-ingmar-bergman.html

http://www.ingmarbergman.se/en/production/dreams

Sonrisas de una Noche de Verano (*Smiles of a Summer Night*)

http://www.thecult.es/cine-clasico/sonrisas-de-una-noche-de-verano-ingmar-bergman-1955.html

http://www.ingmarbergman.se/en/production/smiles-summer-night

1956

Mr Sleeman Is Coming. Programa de TV

http://www.ingmarbergman.se/en/production/mr-sleeman-coming

1957

El Septimo Sello (*The Seventh Seal*)
http://www.ingmarbergman.se/en/production/seventh-seal

Fresas Salvajes (*Wild Strawberries*)
http://www.elespectadorimaginario.com/fresas-salvajes/
http://www.ingmarbergman.se/en/production/wild-strawberries
En el Umbral de la Vida

1958
Rabies Serie de TV
http://www.ingmarbergman.se/en/production/rabies

The Venetian Serie de TV
http://www.ingmarbergman.se/en/production/venetian

El Rostro (*The Magician*)
http://cinedivergente.com/ensayos/especiales/ingmar-bergman/el-rostro
http://www.ingmarbergman.se/en/production/magician

1959
En el umbral de la vida (*Brink of Life*)
https://www.uv.es/capelo/En_el_umbral_de_la_vida.html

http://www.ingmarbergman.se/en/production/brink-life

El Manantial de la Doncella (*The Virgin Spring*)
https://cinemaesencial.com/peliculas/el-manantial-de-la-doncella
http://www.ingmarbergman.se/en/production/virgin-spring

1960
El ojo del Diablo (*The Devil's Eye*)
https://www.uv.es/capelo/El_ojo_del_diablo.html
http://www.ingmarbergman.se/en/production/devils-eye

1961
Como en un Espejo (*Through a Glass Darkly*)
http://www.tiempodecine.co/web/he-visto-a-dios-como-en-un-espejo-de-ingmar-bergman/
http://www.ingmarbergman.se/en/production/through-glass-darkly

1963
Los Comulgantes o *Luz de Invierno* (*Winter Light*)
http://johannes-esculpiendoeltiempo.blogspot.com/2011/04/los-

comulgantes-nattvardsgasterna-1963.html
http://www.ingmarbergman.se/en/production/winter-light

El Silencio (*The Silence*)
https://www.uv.es/capelo/El_silencio.html
http://www.ingmarbergman.se/en/production/silence

A Dream Play (TV)
http://www.ingmarbergman.se/en/production/dream-play

1964
Esas Mujeres (*All These Women*)
http://www.zubiaurcarreno.com/esas-mujeres-bergman/
http://www.ingmarbergman.se/en/production/all-these-women

1966
Persona
http://cinedivergente.com/ensayos/especiales/el-doble-en-el-cine/persona-de-ingmar-bergman
http://www.zubiaurcarreno.com/esas-mujeres-bergman/

1967
Daniel (episodio de «*Stimulantia*») *Stimulantia*

(Episode "Daniel")
http://www.ingmarbergman.se/en/production/stimulantia-episode-daniel

1968
La Hora del Lobo (*Hour of the Wolf*)
http://www.elespectadorimaginario.com/la-hora-del-lobo/
http://www.ingmarbergman.se/en/production/hour-wolf

La Vergüenza (*Shame*)
https://www.uv.es/capelo/La_verguenza.html
http://www.ingmarbergman.se/en/production/shame

1969
La Pasion de Ana (*The Passion of Anna*)
http://johannes-esculpiendoeltiempo.blogspot.com/2010/11/pasion-en-passion-1969-de-ingmar-bergman.html
http://www.ingmarbergman.se/en/production/passion-anna

El rito (*The Ritual*) TV
https://www.uv.es/capelo/El_rito.html
http://www.ingmarbergman.se/en/production/ritual

1970

Documentos sobre Farö (*Fårö Document*) TV

https://www.filmaffinity.com/es/film632897.html

http://www.ingmarbergman.se/en/production/faro-document

The Lie. Guion de Ingmar Bergman, Dirigida por Jan Molander http://www.ingmarbergman.se/en/production/lie

1971

La Carcoma o (*El Toque The Touch*)

https://www.alohacriticon.com/cine/criticas-peliculas/la-carcoma-ingmar-bergman/

http://www.ingmarbergman.se/en/production/touch

1972

Gritos y Susurros (*Cries and Whispers*)

http://www.ingmarbergman.se/en/production/cries-and-whispers

1974

Secretos de un Matrimonio (*Scenes from a Marriage*)

Serie de TV
http://www.ingmarbergman.se/en/production/scenes-marriage

1975
La Flauta Magica (*The Magic Flute*) TV
https://www.uv.es/capelo/La_flauta_magica.html
http://www.ingmarbergman.se/en/production/magic-flute

Cara A Cara…Al Desnudo (*Face to Face*)
https://es.wikipedia.org/wiki/Cara_a_cara_(pel%C3%ADcula_de_1976)
http://www.ingmarbergman.se/en/production/face-face

1976
The Dance of the Damned Women
http://www.ingmarbergman.se/en/production/dance-damned-women

1977
El Huevo de la Serpiente (*The Serpent's Egg*)
https://www.infobae.com/2015/09/01/1752341-el-huevo-la-serpiente-la-pelicula-que-muestra-los-males-que-engendraron-hitler/ http://www.ingmarbergman.se/en/

production/serpents-egg

1978

Sonata de Otoño (*Autumn Sonata*)

http://www.cineypsicologia.com/2016/03/sonata-de-otono-ingmar-bergman-1978-de.html

http://www.ingmarbergman.se/en/production/autumn-sonata

1979

Documento de Farö 79 (*Fårö Document 1979*) *http://www.ingmarbergman.se/en/production/faro-document-1979*

1980

De La Vida de las Marionetas (*From the Life of the Marionettes*)

https://www.filmaffinity.com/es/film428436.html

http://www.ingmarbergman.se/en/production/life-marionettes

1982

Fanny y Alexander

https://en.wikipedia.org/wiki/Fanny_and_Alexander

http://www.ingmarbergman.se/en/production/fanny-and-alexander-0

1983

Después del Ensayo (*After the Rehearsal*)

https://elpais.com/diario/1986/02/13/radiotv/508633204_850215.html

http://www.ingmarbergman.se/en/production/after-rehearsal

1986

El rostro de Karin (*Karin's Face*) cortometraje TV

https://www.filmaffinity.com/es/film555587.html

http://www.ingmarbergman.se/en/production/karins-face

Documento: Fanny y Alexander (*Document Fanny and Alexander*)

https://www.filmaffinity.com/es/film384850.html

http://www.ingmarbergman.se/en/production/document-fanny-and-alexander

1992

Niños del domingo (*Sunday's Children*) Gión de Ingmar Bergman, Direccion Danien Bergman

https://www.filmaffinity.com/es/film641782.html

http://www.ingmarbergman.se/en/production/sundays-children

1996

Las mejores intenciones (The Best Intentions)

Parte de la trilogia acerca de los parientes de Bergman que incluye *Niños del domingo* (Sunday's Children) y *(Private Confessions)*

http://www.ingmarbergman.se/en/production/best-intentions

Encuentros privados (*Private Confessions*) Guión Ingman Bergman, Dirección Liv Ullmann. TV

https://www.fotogramas.es/peliculas-criticas/a1740/encuentros-privados/

http://www.ingmarbergman.se/en/production/private-confessions

1997

En Precencia de un Payaso (*In the Presence of Clown*) TV

https://www.filmaffinity.com/es/film903792.html

http://www.ingmarbergman.se/en/production/presence-clown

2000

Infiel (*Faithless*) Guión Ingman Bergman, Dirección Liv Ullmann. TV

http://filmparadigma.blogspot.com/2015/11/infiel-trolosa-faithless-de-liv-ullmann.html

http://www.ingmarbergman.se/en/production/faithless

2003

Saraband

https://es.wikipedia.org/wiki/Saraband_(2003)

http://www.ingmarbergman.se/en/production/saraband

TEATRO

1938

Rumbo A Puerto Extranjero

Suton Vane

1939

El Viaje de Pedro el Afortunado (*Lucky Per's Journey*) August Strindberg

http://www.ingmarbergman.se/en/production/lucky-pers-journey

Rapsodia de Otoño (*Autumn Rhapsody/The Romantics*)

Doris Rönqvist

http://www.ingmarbergman.se/en/production/autumn-rhapsodythe-romantics

El Hombre que pudo Revivir su Existencia

Par Lagekvist

1940

Macbeth (On Macbeth as an anti-Nazi allegory)

William Shakespeare

http://www.ingmarbergman.se/en/production/we-have-do-macbeth

El Pelicano (The Pelican)
August Strindberg

http://www.ingmarbergman.se/en/production/pelican

1941
The Ghost Sonata
August Strindberg
La primera puesta en escena (la última fue en el añ0 2000).
http://www.ingmarbergman.se/en/production/ghost-sonata

1942
La Muerte de Kaspar
Hjälmar Bergman

1944
Macbeth
http://www.ingmarbergman.se/en/production/macbeth-0

La Casa de Juego (*The Gambling Hall/Mr Sleeman Cometh*)
Hjälmar Bergman

http://www.ingmarbergman.se/en/production/gambling-hallmr-sleeman-cometh

1945

Llega el señor Schleman (*The Legend*)

Hjälmar Bergman

http://www.ingmarbergman.se/en/production/legend

1946

Raquel y el Acomodador de Cine

(*Rachel and the Cinema Doorman*)

http://www.ingmarbergman.se/en/production/rachel-and-cinema-doorman

Caligula

Albert Camus

http://www.ingmarbergman.se/en/production/caligula

1947

Para darme Miedo (Unto My Fear)

Ingmar Bergman

http://www.ingmarbergman.se/en/production/unto-my-fear

1948

El Baile de los Ladrones (*Thieves' Carnival*)

Jean Anouilh)

http://www.ingmarbergman.se/en/production/thieves-carnival

1949

Un Tranvía Llamado Deseo (*A Streetcar Named Desire*)

Tennessee Williams

http://www.ingmarbergman.se/en/production/streetcar-named-desire

1950

Divinas Palabras (*Divine Words*)

Valle Inclán

http://www.ingmarbergman.se/en/production/divine-words

La Opera de Tres Peniques (The Three-Penny Opera)

Bertolt Brecht

http://www.ingmarbergman.se/en/production/three-penny-opera

A Shadow / Medea

Hjalmar Bergman and Jean Anouilh

http://www.ingmarbergman.se/en/production/shadow-medea

1951

Guión de La Ciudad, pieza radiofónica.

(*The People of Värmland*)

http://www.ingmarbergman.se/en/production/people-varmland

1952

Asesinato en Barjärna (*Murder at Barjärna*)Ingmar Bergman

http://www.ingmarbergman.se/en/production/murder-barjarna

1953

Seis Personajes en Busca de Autor (*Six Characters in Search of an Author)*

Luigi Pirandello

http://www.ingmarbergman.se/en/production/six-characters-search-author-0

El Castillo (*The Castle)*

Franz Kafka

http://www.ingmarbergman.se/en/production/castle

1954

La Sonata de los Espectros (*The Ghost Sonata*)

August Strindberg

http://www.ingmarbergman.se/en/production/ghost-sonata-0

La Viuda Alegre

Franz Léhar

1955

Pintura sobre madera (*Wood Painting*)

Ingmar Bergman dirige por segunda vez la obra que sirve de base para El Septimo Sello.

http://www.ingmarbergman.se/en/production/wood-painting-1

Don Juan (*Dom Juan*)

Molière

http://www.ingmarbergman.se/en/production/dom-juan-0

1956

The Poor Bride

Aleksandr Ostrovskij

http://www.ingmarbergman.se/en/production/poor-bride

Erlk XIV

August Strindberg

http://www.ingmarbergman.se/en/production/erik-xiv

La Gata sobre el tejado de Zinc (*Cat on a Hot Tin Roof*)

Tennessee Williams

http://www.ingmarbergman.se/en/production/cat-hot-tin-roof

1957

Llega el Señor Schelman (TV)

Hjälmar Bergman

Peer Gynt

Henrik Ibsen

http://www.ingmarbergman.se/en/production/peer-gynt

El Misantropo

Moliere

http://www.ingmarbergman.se/en/production/misanthrope

1958

La Saga (*The Legend*)

Hjälmar Bergman, segunda puesta en escena

http://www.ingmarbergman.se/en/production/legend-0

Fausto (*Ur-Faust*)

Goethe

http://www.ingmarbergman.se/en/production/ur-faust

1960

Tormenta (TV)

August Strindberg

1961

The Rake's Progress

Ópera de Igor Stravinsky y W.H. Auden

http://www.ingmarbergman.se/en/production/rakes-progress

La Gaviota (The Seaguil)

Anton Chekhov

http://www.ingmarbergman.se/en/production/seagull

1963

¿Quien teme a Virginia Woolf? (Who's Afraid of Virginia Woolf?))

Edward Albee

http://www.ingmarbergman.se/en/production/whos-afraid-virginia-woolf

El Sueño (TV)

August Strindberg

1964

Hedda Gabler

Henrik Ibsen

http://www.ingmarbergman.se/en/production/hedda-gabler

Tres Cuchillos De Wei (*Three Knives from Wei*)Harry Martinson

http://www.ingmarbergman.se/en/production/three-knives-wei

1965

Don Juan (Moliere) Producción teatral para TV

http://www.ingmarbergman.se/en/production/don-juan

1966

La Indagacion (The Investigation)

Peter Weiss

http://www.ingmarbergman.se/en/production/investigation

La Escuela de las Mujeres (*The School for Wives/Critique of the School for Wives*)

Moliere

http://www.ingmarbergman.se/en/production/school-wivescritique-school-wives

1967

Seis Personajes en Busca de Autor (*Six Characters in Search of an Author*)

Luigi Pirandello

http://www.ingmarbergman.se/en/production/six-characters-search-author

1969

Woyzeck

George Büchner

http://www.ingmarbergman.se/en/production/woyzeck

1970

El Sueño (*The Dream*) Segunda puesta en escena

August Strindberg

http://www.ingmarbergman.se/en/production/dream-play-0

Hedda Gabler

Hentik Ibsen

http://www.ingmarbergman.se/en/production/hedda-gabler-0

1972

El Pato Salvaje (*The Wild Duck)*

Henrik Ibsen

http://www.ingmarbergman.se/en/production/wild-duck

1974

El camino De Damasco 1 y 2 (*To Damascus*)August Stringberg

http://www.ingmarbergman.se/en/production/damascus

1975

Noche de Reyes o La duodécima noche (*Twelfth Night*) William Shakespeare

http://www.ingmarbergman.se/en/production/twelfth-night

1976

La Danza de la Muerte

August Strindberg

1977

El Sueño

August Strinberg,

Tercera puesta en escena

http://www.ingmarbergman.se/en/production/dream-play-ein-traumspiel

1978

Tres Hermanas (*Three Sisters (Drei Schwestern)*)

Anton Chekhov

Puesta en escena en Aleman.

http://www.ingmarbergman.se/en/production/three-sisters-drei-schwestern

1979

Tartufo

Moliere

Puesta en escena en Aleman.

http://www.ingmarbergman.se/en/production/tartuffe

Hedda Gabler

Hentik Ibsen

Puesta en escena en Londres invitado por Sir Laurence Olivier

http://www.ingmarbergman.se/en/production/hedda-gabler-1

1980

Yvonne, Princesa de Borgoña (*Yvonne, Princess of Burgundy (Prinzessin von Burgund*)

Witold Gombrowicz

Puesta en escena en Aleman

http://www.ingmarbergman.se/en/production/yvonne-princess-burgundy-prinzessin-von-burgund

1985

La Señorita Julia (*Miss Julie*)

August Strindberg

http://www.ingmarbergman.se/en/production/miss-julie

1986

Hamlet

William Shakespeare

http://www.ingmarbergman.se/en/production/hamlet

El Sueño

August Strindberg

Cuarta puesta en escena

http://www.ingmarbergman.se/en/production/dream-play-1

1988

Viaje del largo día hacia la noche (*Long Day's Journey into Night*)

Eugene O'Neill

http://www.ingmarbergman.se/en/production/long-days-journey-night

1989

Casa de Muñecas (*Dolls House*)

Henrik Ibsen

http://www.ingmarbergman.se/en/production/dolls-house

1990

A Matter of the Soul

Ingmar Bergman

Obra en un act originalmente escrita para cine y rechazada

http://www.ingmarbergman.se/en/production/matter-soul

1991

Las Bacantes (*The Bacchae*)

Euripides

Opera en colaboración con Daniel Börtz

http://www.ingmarbergman.se/en/production/bacchae

1992

Madame de Sade

Yukio Mishima

http://www.ingmarbergman.se/en/production/madame-de-sade

1994

Goldberg Variations

George Tabori

http://www.ingmarbergman.se/en/production/goldbergvariations

Cuento de Invierno (*The Winter's Tale*)

William Shakespeare

http://www.ingmarbergman.se/en/production/winters-tale

1995

Ivonne Princesa de Borgoña (*Yvonne, Princess of Burgundy*)

Witold Gombrowicz

http://www.ingmarbergman.se/en/production/yvonne-princess-burgundy

The Misanthrope

Moliere

Tercera puesta en escena

http://www.ingmarbergman.se/en/production/misanthrope-1

Las Bacantes (*The Bacchae*)

Euripides

http://www.ingmarbergman.se/en/production/bacchae-0

2000

Mary Stuart

Schiller

http://www.ingmarbergman.se/en/production/mary-stuart

La Sonata de los Espectros (*The Ghost Sonata*)

August Strindberg

Cuarta puesta en escena

http://www.ingmarbergman.se/en/production/ghost-sonata-2

The Image Makers

Per Olov Enquist

http://www.ingmarbergman.se/en/production/image-makers

2001

John Gabriel Borkman

Henrik Ibsen

http://www.ingmarbergman.se/en/production/john-gabriel-borkman-0

2002

Los aparecidos (*Ghosts*)

Henrik Ibsen

http://www.ingmarbergman.se/en/production/ghosts

Textos y Libros

Nota: La pagina web de la *Fundación Bergman* correspondiente a los escritos de Bergman, contiene una lista cronológica de los libros publicados, los guiones, comentarios, diarios y cuadernos de notas sobre sus producciones de cine y teatro. Aquí solo se listan los mas difundidos.

Three Diaries (2004)

Una recopilación de los diarios de Ingmar Bergman, su esposa Ingrid y su hija María von Rosen,. Comienzan en 1994 con el diagnóstico cáncer de su esposa y terminan dos años después con su muerte

20th Century of Bergman, (2000)

Comentarios sobre sus películas suecas favoritas de los 90s http://www.ingmarbergman.se/en/production/20th-century-bergman

Images: My Life in Film (1990)

Una segunda autobiografía, que complementa *La Linterna Mágica*.

Imágenes. Editorial: Tusquets Editores, 1992 (ilustrado)

https://elpais.com/diario/1990/10/23/cultura/656636410_850215.html

http://www.ingmarbergman.se/en/production/images-my-life-film

The Magic Lantern (1987)

La autobiografía reseñada. Libro taducido a varios idiomas.

http://www.ingmarbergman.se/en/production/magic-lantern

It Was Only a Pleasure! (1973)

Bergman publica un texto explicando el contexto de las escenas de su famosa mini-serie para televisión, *Escenas de Matrimonio*, mas tarde convertida en film.

http://www.ingmarbergman.se/en/production/it-was-only-pleasure

Essential and nonessential (1972)

Prefacio a su guion al film *Gritos y Susurros.*

Publicado en varios idiomas. No se localizo la traducción al español.

http://www.ingmarbergman.se/en/production/essential-and-nonessential

[On The Seventh Seal] (1956)

Conferencia ante un publico extranjero sobre su película el *Séptimo Sello.*

Reproducido como '*Focus on the Seventh Seal*', editado por Birgitta Steene, y traducida al Francés con el título '*Ingmar Bergman explique Le septième sceau*', publicada en *Arts* April, 1958

http://www.ingmarbergman.se/en/production/seventh-seal-0

The making of film (1954)

El ensayo, Bergman habla de los aspectos prácticos y éticos necesarios para ser un cineasta serio. Presentado originalmente el la Universidad de Lund el 25 Noviembre de

1954. Asimismo, lo utilizó en un programa de radio con algunas modificaciones y finalmente fue reimpreso con el titulo 'The dilemma of filmmaking' en Hörde ni?, No. 5, Mayo 1955.

http://www.ingmarbergman.se/en/production/making-film

Cinematograph (1948)

Bergman escribe sobre el departamento de su abuela y la linterna mágica que recibe como regalo de navidad, abriendo la puerta a su primera aventura como cineasta. Publicado en el invierno de 1948 en la revista *Biografbladet* 29, No. 4, y posteriormente en frances con el titulo 'Le cinematographe, *Positif* 421, 1996.

Traducciones al Español

Ingmar Bergman, *Linterna magica*, Tusquets editores, 1988, 1995 y 2015

Ingmar Bergman, *Imagenes*, Tusquets editores, 1992, 2001

Ingmar Bergman, *Niños del domingo*, Tusquets editores, 1994 1997

Ingmar Bergman, *Conversaciones intimas*, Tusquets editores, 1998

Ingmar Bergman, *Las mejores intenciones,* Tusquets editores, 1992,1998

Ingmar Bergman, *Secretos de un matrimonio y Saraband*, Tusquets editores, 2007

Ingmar Bergman, , Hjalmar bergman y Albertus Pictor, *Retablo de los dias de la peste; la muerte juega al ajedrez y otras escenas medievales; la llegada del señor*

Sleema , Mishkin ediciones, S.L., 2018

Ingmar Bergman, *Persona*, Nórdica, 2010

Ingmar Bergman, *Persona* (Edición del Centenario de Bergman), Nórdica, 2018

Indice onomástico

— A propósito de esas mujeres

— Cara a cara... al desnudo

— Como en un espejo

— Crisis

— Documento sobre Fårö

— El huevo de la serpiente

— El rito

— El silencio

— Extractos de la vida de las marionetas

— Fanny y Alexander

— Fresas salvajes

— Gritos y susurros

— Hacia la felicidad

— Joaquín desnudo

— Juegos de verano

— La ciudad

— La hora del lobo

— La flauta mágica

— Lección de amor

— Los comulgantes

— La muerte de Kaspar

— Noche de circo

— Persona

— Pintura en madera

— Prisión

— Secretos de un matrimonio

— Séptimo sello

— Sonata de otoño

— Sonrisas de una noche de verano

— Tortura

— Tres mujeres

— Un verano con Mónica

Bergman, Ingrid (Mujer)

Bergman, Ingrid

Bergman, Karin (Madre)

Bergman, Lena

Bergman, Margareta

Carlberg, Lars-Owe

Casals, Pablo

Clara (Clärchen)

Claudel, Paul

— La anunciación a María

— El grito primal

Jansson, Thorolf

Josephson, Erland

Jouvet, Louis

Kafka, Franz

— El proceso

Källen, Bengt

Karajan, Herbert von

Karlsson, Kent

Kjellson, Ingvar

Kohner, Paul

Kreisler, Fritz

Krook, Margaretha

Kurosawa, Akira

Laestadius, Lars-Levi

Lagercrantz, Olof

Lagerlöf, Selma

— Jerusalem

Lamín, Martin

Landgré, Ingrid

Laretei, Käbi

www.ingramcontent.com/pod-product-compliance
Lightning Source LLC
LaVergne TN
LVHW050935080826
845145LV00004B/1270

* 9 7 8 1 9 3 4 9 7 8 9 6 2 *